# LE RAVITAILLEMENT

## DE

# SAINT - OMER

## EN 1710

### D'APRÈS LES DOCUMENTS OFFICIELS

RAPPORT *lu à la Société des Antiquaires de la Morinie dans sa séance du 27 juillet 1885.*

SAINT-OMER

IMP. ET LITH. H. D'HOMONT, RUE DES CLOUTERIES, 14.

1885

# LE RAVITAILLEMENT DE SAINT-OMER

## EN 1710

### D'APRÈS LES DOCUMENTS OFFICIELS

# LE RAVITAILLEMENT

DE

# SAINT-OMER

## EN 1710

### D'APRÈS LES DOCUMENTS OFFICIELS

RAPPORT *lu à la Société des Antiquaires de la Morinie dans sa séance du 27 juillet 1885.*

SAINT-OMER

IMP. ET LITH. H. D'HOMONT, RUE DES CLOUTERIES, 14.

1885

*Extrait du tome XX des Mémoires de la Société des Antiquaires de la Morinie.*

LE

# RAVITAILLEMENT DE SAINT-OMER

## EN 1710

### D'APRÈS LES DOCUMENTS OFFICIELS

---

**Rapport lu à la Société des Antiquaires de la Morinie
dans sa séance du 27 juillet 1885.**

---

MESSIEURS,

Le ravitaîllement de Saint-Omer n'est qu'un épi-
sode très secondaire de la malheureuse campagne de
Flandre en 1710. Mais en raison même de l'attrait
qu'offrent aux habitants d'une même cité les moin-
dres incidents de l'histoire de leur ville, ce fait de
guerre a pour les Audomarois un intérèt tout spécial.
Cet intérèt a encore grandi pour nous, Antiquaires
de la Morinie, défenseurs nés de l'histoire locale,
lorsque des chercheurs, curieux de la vérité historique, ont, à l'occasion de l'érection récente d'un
monument sur une de nos places, exploré avec un
soin nouveau l'histoire de notre ville, et éveillé un
débat qui un moment a occupé l'esprit public. Votre

Société, toujours soucieuse de l'histoire du pays à laquelle elle rend depuis plus d'un demi-siècle des services hautement appréciés, et que tous les gouvernements se sont plu à reconnaître et à récompenser, ne pouvait demeurer indifférente à ce débat. Audomarois, nous aurions été heureux de croire à la glorieuse légende d'une femme de cœur, enfant de la cité, qui aurait contribué pour sa grande part à conserver Saint-Omer à la France, et que nous aurions pu comparer, dans un rang plus modeste, mais avec un patriotique orgueil, à Jeanne d'Arc ou à Jeanne Hachette. Mais l'impartiale histoire a ses droits que nous sommes tenus, plus que personne, de respecter; et pour nous surtout, quelque glorieuse que soit la légende, quelque flatteuse qu'elle puisse être pour notre amour-propre audomarcis, elle doit céder le pas à l'austère vérité.

C'est dans ces sentiments que vous avez voulu confier à une commission l'étude du problème historique récemment soulevé parmi nous.

Rejetant toute opinion préconçue, nous nous sommes mis à l'œuvre sans admiration de parti-pris comme sans esprit de dénigrement systématique, et nous nous sommes enquis de ce que les documents authentiques fournissent sur la campagne de 1710 et le ravitaillement de Saint-Omer. C'est le résultat de ces recherches que nous avons aujourd'hui l'honneur de vous présenter.

Douai venait de capituler, le 26 juin, après cinquante-deux jours de siège et trente-deux sorties. Sa vaillante résistance avait coûté à l'ennemi douze mille hommes. La garnison, réduite à 5000 hommes que l'ennemi voulait d'abord faire prisonniers de guerre, sortit de la place avec tous les honneurs pour être conduite à Cambrai. La prise de Douai fit que le théâtre de la guerre se rapprocha davantage de notre région. Les alliés avaient d'abord songé à faire le siège d'Arras, mais la forte position qu'avait prise devant ses murs le maréchal de Villars décida l'ennemi à tourner son effort sur Béthune. Le maréchal, prévenant le dessein de l'ennemi, y avait déjà envoyé des renforts ainsi qu'à Aire, pour qui il craignait aussi, et avait abondamment pourvu ces places de vivres et de munitions. La ville de Béthune, reconquise par les Français en 1645, définitivement cédée par le traité des Pyrénées en 1649, était alors commandée par M. de Vauban, lieutenant général et gouverneur de la place et neveu du grand Vauban qui en avait tracé et fait construire les fortifications. Ce fut le 15 juillet que les ennemis apparurent sous les murs de Béthune ; le 24 ils ouvrirent la tranchée au bas de Beuvry et bientôt la ville fut vivement battue par soixante-dix pièces de canons et trente mortiers. Après trente-cinq jours de tranchée ouverte, après de nombreux et meurtriers assauts, M. de Vauban, voyant le 28 août au soir que les brèches étaient praticables en plusieurs endroits et que l'ennemi se disposait à livrer l'assaut, comme il n'avait plus que 1500 hommes sous les armes et peu de munitions, se résolut à faire battre la chamade vers cinq heures du soir. Les alliés perdirent devant cette place plus de 8000 hommes.

Le prince Eugène et le duc de Malborough trouvèrent la ville tellement ouverte par la brèche, qu'ils avaient d'abord voulu faire la garnison prisonnière de guerre : mais M. de Vauban leur ayant fait comprendre qu'il pouvait leur faire payer chèrement ce

nouveau succès, ils accordèrent aux vaillants défenseurs une capitulation avec tous les honneurs de la
guerre. M. de Vauban avait demandé pour la garnison le droit de se rendre à Arras ; ce choix lui fut
refusé, et on lui assigna Saint-Omer comme la ville
où il se devait retirer le 31 août avec tous les officiers et toutes les troupes qui servaient sous ses
ordres. Cette préférence de l'ennemi semblait indiquer qu'il ne se proposait pas de faire le siège de
cette dernière ville.

Les préoccupations du maréchal de Villars n'é-
taient pas non plus tournées vers cette place. En
effet, aussitôt après la prise de Béthune, pressentant que les alliés dirigeraient leurs forces sur
Valenciennes, Ypres, Aire ou Saint-Venant, il avait
mandé à M. le comte d'Estaing, qui commandait à
Saint-Omer, de prendre quatre des meilleurs bataillons des garnisons de Saint-Omer et de Dunkerque
pour renforcer celle d'Ypres. Toutefois c'était pour
Aire et pour Saint-Venant que le maréchal craignait
le plus. Ces deux places avaient déjà, dès ce mois de
juin, été abondamment munies et fournies de fortes
garnisons. Dès le 4 août encore, afin d'empêcher les
desseins de l'ennemi, M. de Villars avait envoyé six
bataillons et un régiment de dragons pour renforcer
la garnison d'Aire. Il envoya en même temps M. le
comte d'Estrades pour y servir sous les ordres de
M. de Goesbriant, lieutenant général et commandant
la place. A la même date la garnison de Saint-Venant,
plus exposée qu'Aire, avait été augmentée de deux
bataillons. L'ennemi justifia ces prévisions du maréchal. Le lendemain de la capitulation de Béthune,
l'armée des alliés se mit en marche. Le 4 septembre
elle alla camper, la droite à Thérouanne, la gauche

à Lillers. Le prince Eugène et le duc de Malborough établirent leurs quartiers entre Aire et Thérouanne, l'un à Blessy, l'autre à Saint-André. Le prince de Nassau marcha sur Saint-Venant avec vingt bataillons et investit la place le 6 septembre. En même temps, quarante bataillons et trente-deux escadrons, divisés en deux corps, franchissaient la Lys au-dessus et au-dessous d'Aire, et enveloppaient entièrement la place. Le corps campé entre Aire et Saint-Omer était commandé par le comte d'Altheim.

C'est assurément le moment des plus grandes alarmes pour Saint-Omer. Jusque-là les bourgeois de cette ville n'avaient subi que le contre coup des malheurs de la guerre. Des charges excessives pesaient il est vrai sur les habitants par suite de l'envoi d'une forte garnison pour garder la place, et en conséquence de son voisinage des villes prises par l'ennemi : ainsi la garnison de Béthune en se retirant à Saint-Omer y avait amené ses nombreux malades et blessés auxquels s'étaient bientôt ajoutés tous les malades de la garnison d'Aire dont on avait débarrassé cette ville dès que l'on avait soupçonné les desseins de l'ennemi sur elle [1].

De plus, le lieutenant général comte d'Estaing avait été envoyé le 12 août sous les murs de Saint-Omer avec six bataillons et douze escadrons pour inquiéter les convois et les fourrages des ennemis. Ce corps devait camper à Arques, Blendecques et autres villages circonvoisins. Mais sur la plainte des malheureux paysans et des habitants de la banlieue, M. de Berneville, mayeur de Saint-Omer, avait obtenu de M. d'Estaing

[1] *Archives municipales de Saint-Omer*. — Correspondance du Magistrat. Lettre du Magistrat à M. de Bernage intendant d'Artois. 7 août 1710.

que le corps sous ses ordres campât dans la ville. C'étaient là assurément, avec les mutineries et les excès de tout genre d'une garnison entassée chez le bourgeois, des charges presqu'insupportables. Mais du moins les habitants de Saint-Omer n'avaient pas eu à subir les horreurs d'un siège furieux comme ceux qui avaient réduit Douai et Béthune, et qui maintenant menaçaient Aire et Saint-Venant d'une ruine prochaine. Si ces deux places ne faisaient pas une héroïque résistance et cédaient avant que la saison fut trop avancée pour permettre à l'ennemi d'entreprendre un nouveau siège, Saint-Omer pouvait s'attendre au sort des malheureuses cités voisines.

Ce n'est point que ses fortifications ne lui donnassent quelque espoir fondée d'une longue résistance. L'historien de la cité, le curé de Sainte-Aldegonde, Deneuville qui vivait à Saint-Omer en ces tristes jours, nous a laissé des principaux événements de cette campagne de 1710 un récit fort détaillé et très exact. Sa narration concorde parfaitement avec les documents officiels publiés sur la campagne de Flandre par les soins du ministère de la guerre, et avec ceux que nous avons pu recueillir aux archives départementales. Dès le commencement de l'année 1710, l'administration de la guerre avait fait faire autour de Saint-Omer des travaux considérables pour le mettre en bon état de défense. Les comptes de l'Intendance établissent qu'il fut distribué aux pionniers occupés aux fortifications de Saint-Omer, 2519 rations de pain de munition durant le mois de janvier, 2128 en février, 4095 en mars, 2770 en avril [1].

La marche des alliés sur les villes d'Artois, dans

[1] *Arch. départ.* C. 317.

la direction de la mer, après la prise de Douai, engagea le gouverneur de Saint-Omer à mettre la dernière main aux fortifications de la ville. « On fit
» garnir de palissades, dit Deneuville, reprenant
» sommairement les travaux de toute l'année, toutes
» les fortifications extérieures ; on mit toutes les
» batteries en état. Comme alors la porte du Brusle
» n'était point à convert non plus que le rempart du
» côté de l'occident, depuis le bastion de St-Venant
» jusqu'à la demi-lune de Sainte-Croix, on y fit de
» nouvelles fortifications. A la porte du Brusle on fit
» l'ouvrage à corne de Notre-Dame de Grâce, ren-
» fermé du demi-bastion à la gauche, et d'une an-
» cienne redoute avec le parapet, le tout de terre
» revêtue de gazon, à l'épreuve (du boulet), afin de
» soutenir l'inondation à droite de la chaussée ou
» digue de l'avenue de la demi-lune de cette porte [1].
» Depuis l'ancienne porte de Sainte-Croix jusqu'au
» fort des Cravattes, et même vers la Porte-Neuve ou
» de Calais, on fit plusieurs lunettes sur l'extrémité
» des glacis, des angles saillants et places d'armes,
» des chemins couverts pour défendre les approches :
» tous ces ouvrages revêtus de gazon à l'épreuve
» furent faits régulièrement et servirent beaucoup à
» la perfection des fortifications de cette place [2]. »
    Les soldats ne manquaient point pour défendre une place de guerre aussi bien fortifiée. Nous avons vu que le 12 août le comte d'Estaing avait été envoyé

[1] Pour le détail de ces fortifications, Deneuville renvoie à un plan n° 51, que nous n'avons malheureusement pas pu retrouver.
[2] *Hist. de la ville de St-Omer*, par Deneuville. Ms. t. II, p. 415. Ce précieux manuscrit en trois volumes in-folio appartient à M. A. Titelouze de Gournay, qui l'a gracieusement mis à notre disposition.

sous les murs de Saint-Omer avec 6 bataillons et
12 escadrons. Après qu'Aire et Saint-Venant eurent
reçu toutes les forces qu'il était possible d'y jeter, et
quand on ne put plus songer à secourir ces places, la
cour préoccupée du sort de Saint-Omer, écrivit le
13 septembre à M. de Villars d'augmenter jusqu'à
10.000 hommes le corps sous ses murs, afin d'attaquer quelques quartiers des ennemis et tomber sur
leurs convois. En conséquence de cet ordre le Maréchal envoya le 15 septembre à M. d'Estaing un pre-
mier renfort de 4 bataillons et de 6 escadrons, puis
le 22 un nouveau renfort de 6 bataillons et de 9 escadrons sous les ordres du comte de Villars. Il se trouva
alors, tant à Saint-Omer qu'à Ypres, 18 bataillons et
29 escadrons. M. de Clérac était lieutenant général
du roi dans la ville, et avait sous ses ordres M. du
Thil, officier distingué, qui avait pris une brillante
part à la défense de Lille et de Béthune.

La garnison fut même tellement nombreuse à St-
Omer durant cette campagne que le magistrat porte à
chaque instant des doléances très motivées et très
émues à M. de Bernage sur la misère que les charges
du logement militaire occasionnaient aux bourgeois [1].

[1] « M. le comte d'Estaing vient d'arriver en ceste ville avecq
» 12 escadrons de cavallerie et 6 bataillons d'infanterie. Son
» dessein estait d'aller camper à Arques et aux environs sur la
» campagne. Mais pour eviter les desordres que ces troupes y
» auroient commis, on les a fait entrer en ceste ville où les
» *soldats campent*, et nous logeons les officiers. » Malgré cette
mesure de faire camper les soldats, le logement ne laisse pas
d'être une très lourde charge pour les bourgeois. On en voit
qui ont à loger 15 à 18 soldats et qui sont réduits à livrer leur
propre lit. Les exempts eux-mêmes, ecclésiastiques, nobles et
magistrats ne peuvent plus se prévaloir de leur privilège. « Le
» sieur de Séricourt capitaine au regiment de S. Vallier, de

Quant aux approvisionnements de bouche, la ville
devait en être abondamment fournie. C'était dès le
commencement de la campagne la préoccupation de
M. de Villars de bien munir de provisions les places
de la région, comme il résulte de sa lettre du 4 avril
à M. Voysin [1]. Le lendemain ce dernier écrivait à
M. de Montesquiou :

« J'espère que par le moyen des blés qui sont à la Fère
» et des bâtiments qui viennent d'arriver à Saint-Valery,
» les blés ou farines ne vous manqueront pas, le sieur
» Farges [2] faisant de son côté les diligences pour l'exécu-
» tion de son marché. Il ne faut rien négliger pour munir
» les places qui peuvent être menacées. Il ly a une flotte
» partie du Havre, composée de 28.000 sacs de grains qui
» doit arriver avant trois ou quatre jours à Calais, ce qui
» suffira pour garnir tous les magasins du côté de la mer. [3] »

Même après la prise de Béthune et quand l'armée
des alliés assiégeait Aire et Saint-Venant, les approvisionnements se faisaient facilement pour St-Omer.
Le 9 septembre, le sieur Farges écrivait d'Amiens à
M. Voysin :

» garnison à Montreuille refuse de loger dans le temps que la
» noblesse la plus distinguée de la ville et le clergé de la ville
» loge : nous vous prions de nous mander sy sa qualité d'offi-
» cier luy donne une exemption au dessus de touttes les autres,
» occupant une maison considérable. »
« M. le comte d'Estaing campe en ceste ville depuis plus
» d'un mois avecq 20 escadrons de cavaillerie et dragon et plu-
» sieurs bataillons d'infanterie. »

Lettres du Magistrat à M. de Bernage. *Arch. munic.*
Corresp. du Magistrat, 1710.

[1] Voysin, secrétaire d'état au ministère de la guerre. Il avait
succédé à Louvois.
[2] Munitionnaire des armées à Amiens.
[3] *Arch. du dép. de la guerre.* Orig. vol. 2214, n° 20.

« Monseigneur, je prends la liberté d'informer Votre
» Grandeur que le service des vivres pour les bleds et fa-
» rine va autant bien qu'on peut le souhaiter, et je compte
» qu'il y a présentement plus de 20.000 sacs de farine tant
» en Artois, Picardie et Flandre qu'en Haynault. Le mar-
» ché que je suis obligé de fournir sera achevé le 15 de ce
» mois. Outre ce marché, j'ai fait remettre 6000 sacs à
» St-Omer, Aire et Hesdin ; du moins ils seront finis de
» fournir avant le 15 [1] ».

Dans les fréquentes dépêches que le Magistrat
échange avec M. de Bernage, nulle part ne perce la
préoccupation de voir les vivres manquer dans la
ville. Le pain y fut cher durant l'année 1710, il est
vrai, comme le dit Deneuville, mais c'était plus une
conséquence du rigoureux hiver de 1709 que de la
rareté des grains. Les paysans du bailliage, fuyant
devant les fourrageurs de l'armée ennemie, s'étaient
retirés à Saint-Omer emmenant avec eux leur bétail
et tout le grain battu ou non que leurs misérables
moyens de transport leur avaient permis de soustraire
à la rapacité des pourvoyeurs. M. de Bernage deman-
dant au Magistrat, par lettre du 1er septembre, de
distribuer du fourrage à la troupe, dit que les bourgeois de Saint-Omer en ont des quantités considérables. On avait dû sauver les grains comme les
fourrages. La cour de l'évêché était encombrée de
blé non battu. Mgr François de Valbelle, évêque de
Saint-Omer depuis le mois d'avril de cette même
année, écrivait de Paris à Messieurs du chapitre à la
date du 18 août :

« Messieurs, vous me faites plaisir en vous persuadant
» que vous pouviez disposer de ce qui m'appartient. Vous

[1] Dép. de la guerre. vol. 2217 n° 35.

» estes les maistres de vous servir de la cour de mon palais
» comme vous le jugerez à propos. Je crois qu'il serait de
» la prudence, pour evitter touttes sortes de malheur de
» recommander à nos fermiers de battre les gerbes le plus
» tost qu'ils pourront pour escarter cet amas de paille du
» voisinage de l'église [1] ».

Nous avons du reste sur l'approvisionnement de la ville des renseignements officiels. Un état *des farines* à Saint-Omer, fut dressé pour l'intendance le 1er novembre, c'est-à-dire pendant que l'ennemi assiégeait encore Aire. Il y avait alors :

| | |
|---|---|
| Dans les magasinn des Dominicains. | 907 sacs de 150 livres |
| Dans ceux des Carmes . . . . . . . | 400    id. |
| Chez les Récollets. . . . . . . . . | 600    id. |
| A la Vague . . . . . . . . . . . . | 2294    id. |
| En tout. . . . | 4201 sacs de 150 livres |

Dans le grenier de la Loy, dit le même rapport, sont 278 sacs de blé avarié, envoyés de Calais et venant de Bretagne.

« Les grains que Messieurs Loquéty et Regnault ont
» commission d'acheter pour la nouvelle compagnie de
» vivres et qu'ils ont actuellement dans leurs greniers ne
» sont pas compris dans le présent inventaire [2] ».

Du reste, jusqu'à la tentative malheureuse des alliés au 4 octobre, que nous raconterons plus loin, et depuis cet échec, pendant toute la durée du siège d'Aire, les communications étaient demeurées absolument libres avec Calais et Dunkerque par le canal de Bourbourg et celui de la Colme. Les documents tirés des archives de la guerre que nous donnons plus loin le prouvent péremptoirement.

[1] *Arch. capit.* G. 187.
[2] *Arch. départ.* C. 321, p. 334.

16

Cela résulte aussi fort nettement de la correspondance du Magistrat avec l'Intendant d'Artois. Le 11 septembre M. de Bernage, faisant enfin droit aux réclamations du Magistrat de St-Omer, lui écrit qu'il a donné des ordres pour faire évacuer sur Dunkerque les blessés de Béthune qui encombraient la ville. Il demande seulement que la ville fournisse les « bélandres » nécessaires [1]. Mais les officiers alléguant l'état des blessés, et point du tout les risques que leurs hommes pourraient courir de la part des ennemis durant le trajet, s'opposent à ce départ. C'est en vain que par deux fois l'intendant écrit au commissaire des guerres M. Negret de faire passer 250 blessés, puis 150 à Dunkerque. Ses ordres demeurent sans effet.

Le Magistrat s'en plaint à M. de Bernage par lettre du 26 septembre. Les pourparlers continuent quelque temps. Les malheureux blessés, d'abord mal reçus et mal logés dans les premiers embarras d'une installation improvisée, étaient en dernier lieu bien soignés par les religieuses et les bourgeois de S. Omer où la charité est une vieille tradition. Mais une fièvre pernicieuse, que le bon Deneuville appelle une « épouvantable maladie », avait éclaté en août dans la ville, ajoutant ses horreurs aux difficultés causées par l'encombrement des blessés du dehors. Les personnes atteintes étaient enlevées en quelques jours. Bien qu'il y eut alors six paroisses, notre chroniqueur dit

---

[1] « Vous allez, messieurs, estre débarrassés des blessés de » Béthune. Je mande à M. Negret de les envoyer à Dunkerque. » Je vous prie de faire fournir les bélandres nécessaires pour » leur transport. »
Lettre de M. de Bernage au Magistrat de S. Omer, 11 sept. *Arch. munic.*

que l'on voyait quelquefois quinze à seize inhuma-
tions par jour dans la même église. Dans les cinq
derniers mois de l'année il mourut plus de douze
cents personnes dans la ville seulement. Presque tous
les prêtres des paroisses étaient malades de fatigue
ou atteints par la terrible fièvre : toutefois le seul
curé de Sainte-Marguerite, François Derieux, suc-
comba le 12 novembre. On conçoit que dans une pareille calamité le Magistrat ait à plusieurs reprises
déclaré à monsieur l'Intendant d'Artois l'impuissance
de la ville à suffire à tant de nécessités. Enfin devant
l'ordre d'avoir à préparer le logement pour 18 bataillons d'infanterie, 6 escadrons de dragons ou cava-
lerie, deux cents canonniers mineurs et sapeurs,
Messieurs de la ville poussent une telle plainte que
M. de Bernage ne peut éviter plus longtemps de
l'entendre. Il écrit le 23 octobre une lettre où il ex-
prime en termes très vifs pour le commandant de la
place son étonnement de ce qu'en dépit de ses ordres,
les blessés n'aient pas encore été évacués sur Dunkerque, et il assure au Magistrat que cette évacuation
va s'effectuer sans plus de délai. Et même, plus tard, en
prévision de la chute prochaine d'Aire, il l'avise qu'il a
déjà fait savoir à M. de Goesbriant qu'au cas où les
malades et blessés de cette ville seraient envoyés à
Saint-Omer, il convenait de les faire passer à Dunkerque, où il y a des hôpitaux [1].

De telles instances auraient été de la cruauté, de

[1] *Arch. munic.* Corresp. du Mag. 1710.
En l'absence de tout document historique constatant l'exploit
que des historiens de peu de critique ont recueilli ou imaginé, ne
peut-on pas voir ici l'origine de l'invraisemblable légende qui at-
tribue à la dame Jacqueline-Isabelle Robins, femme de François-
Guillaume de Boyaval, une héroïque mais singulière action peu

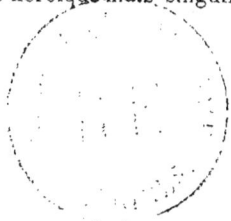

2

teis ordres auraient été de la folie, si les voies de communication eussent été au pouvoir de l'ennemi.

en rapport avec la condition et l'âge de cette femme [a]? On a vu combien la ville se trouvait malheureuse par suite de l'encombrement des blessés, et le prix qu'elle mettait à en être déchargée. Or la dame de Boyaval était adjudicataire ou plutôt sous-commissionnaire [b] des barques de S. Omer à Dunkerque. Serait-il téméraire de penser que cette femme, dont le zèle patriotique venait de s'affirmer quelques jours auparavant par une avance de 6000 livres à la ville très obérée en ce moment, aurait offert de transporter avec ses bélandes à ses frais et risques les blessés de S. Omer en la ville de Dunkerque, et aurait ainsi soulagé la cité malheureuse d'un embarras qui lui pesait fort ? Ce double service, dont l'importance se trouvait grandie de toutes les angoisses dans lesquelles étaient alors la cité tout entière, aurait laissé chez les habitants de S. Omer un souvenir reconnaissant, et plus de 70 ans après un historien, étranger au pays, recueillant auprès de gens mal instruits des faits cette tradition déjà altérée, l'aurait transformée en un exploit héroïque et tout personnel ?? Risquons une seconde hypothèse. Saint-Omer tirait en partie ses grains de Calais, et ce que le nombre fort restreint de ses moulins ne suffisait pas à moudre était envoyé aux moulins de Dunkerque. Cet approvisionnement nécessitait un fréquent service de transport auquel étaient peut-être employées les barques de la dame de Boyaval. Le peuple, amoureux du merveilleux et prompt à créer dans sa peur, des dangers chimériques, a-t-il imaginé, sur ces voies

a Jacqueline-Isabelle Robins appartenait par sa naissance à une des meilleures et des plus riches familles bourgeoises de Saint-Omer. Des entreprises particulières avaient considérablement augmenté sa fortune patrimoniale. En l'année 1710, Jacqueline-Isabelle Robins avait 53 ans : après avoir perdu ses deux premiers maris, elle avait épousé en troisièmes noces Guillaume-François de Boyaval, écuyer, seigneur de Cambronne, en Boullenois, Hereghem, Vandelveld. etc. mousquetaire gris et capitaine au service de Sa Majesté.

b L'état de « ferme des carosses d'eau ou barques de Dunkerque à Saint-Omer » conservé aux archives municipales de Dunkerque, mentionne que la ferme des barques fut adjugée du 1er août 1709 au 31 juillet 1710, à Jean Horlebecque, pour la somme de 8400 livres (adjudication du 3 juillet 1709), et du 1er août 1710 au 31 juillet 1711 à Paul Dewest pour la somme de 10.300 livres 11 sols (adjudication du 30 juin 1710). C'est le plus haut prix qu'avait jamais atteint la ferme des barques, et qu'elle n'atteindra plus que 1762.

Les forces respectables que les Français avaient à Ypres et celles que M. d'Estaing commandait sous Saint-Omer assuraient cette libre communication. L'ennemi, inquiété lui-même pour ses convois depuis Gand jusqu'à Saint-Venant, pouvait bien fourrager dans la campagne entre Aire et Saint-Omer, il pouvait, comme il le fit au 4 octobre, exécuter une pointe et lancer un détachement jusqu'au canal de Watten ou Saint-Momelin. Mais, le coup de main accompli, vainqueur ou vaincu, il devait se replier aussitôt sur le gros de son armée. La vaillante résistance de la ville d'Aire, les courses incessantes de MM. de Chevilly et de Ravignan à Ypres et de M. d'Estaing à St-Omer, ne lui permettaient pas de détacher de son armée de siège des troupes en forces suffisantes pour prendre position sur le canal et en empêcher la pratique.

Comme on le voit, ce n'était à cette époque, ni les moyens de défense, ni les troupes, ni les vivres qui manquaient à Saint-Omer. Cette place avait même, au temps de la plus forte crise de la campagne, un tel renom de sécurité, que Messieurs les officiers du bureau des Finances, autrefois établis à Douai, obligés de quitter cette ville tombée au pouvoir de l'ennemi, demandèrent à venir s'installer à St-Omer dans la partie du couvent des Dominicains, occupée avant la conquête française en 1677, par le conseil

parfaitement sûres du reste, une aventure fort agrémentée plus tard, et la tradition a-t-elle confondu dans la suite le service de l'approvisionnement tranquille et régulier avec le grand et périlleux fait tout militaire du ravitaillement ? Nous laissons à de plus perspicaces le périlleux honneur de décider le point précis où commence la légende, si tant est qu'elle soit le moins du monde fondée.

d'Artois. Les pourparlers pour cet établissement durèrent depuis les premiers jours d'octobre jusqu'à la fin de novembre [1].

Mais si Saint-Omer ne manqua jamais durant cette campagne de 1710 ni de soldats, ni de vivres, il y eut un moment où les munitions de guerre lui faisaient absolument défaut.

En effet, dès les premières approches des alliés vers l'Artois, le conseil du roi s'était ému de l'intention probable de l'ennemi de faire le siège d'Aire. En prévision de cette attaque, on avait dès les premiers jours d'août, pour faciliter la défense de la ville, évacué les malades de la garnison sur Saint-Omer [2]. Le roi tenait beaucoup à la conserva-

[1] Le 5 octobre, M. de Bernage avisa le Magistrat que le bureau des Finances de Douai avait demandé au roi de venir s'établir à Saint-Omer, se proposant, si Sa Majesté y consent, d'y occuper une partie du couvent des Dominicains, comme l'avaient fait déjà avant 1677 Messieurs du conseil d'Artois.

Le Magistrat répondit qu'il n'y voyait pour sa part aucun inconvénient ; mais il prévint que ces bâtiments servaient à ce moment de dépôt de farines pour le service du roi, ajoutant qu'il serait juste de dédommager par un loyer comme le faisait le conseil d'Artois, la communauté des Dominicains qui avaient transformé ces bâtiments et les avaient accommodés à leur usage.

Sur la demande de M. de Bernage qui désirait savoir ce que payait aux Dominicains le conseil d'Artois, le Magistrat répondit que le loyer annuel était de 250 livres, mais que vu les travaux récents et l'augmentation des loyers, ce prix était aujourd'hui insuffisant.

Au 30 novembre, M. de Bernage avise le Magistrat qu'il serait bon que Messieurs des Finances visitassent eux-mêmes le local avant de rien décider.

La correspondance ne mentionne plus rien à ce sujet au delà de cette date.     *(Arch. munic.* Corresp. du Mag. 1710.)

[2] « Nous avons sur les ordres de M. le comte d'Estaing ...

tion de cette place de guerre « dont la prise appro-
» cherait fort les ennemis du côté de la mer où il n'y
» a pas de places capables de soutenir un siège [1] ».
M. Voysin écrivait le 11 juillet au maréchal de Villars, toujours partisan d'une action décisive en bataille rangée, « Sa Majesté serait encore plus déter-
» minée à engager une affaire générale pour secourir
» Aire que pour Béthune [2] ». A la veille du siège d'Aire
le roi prend la peine d'écrire lui-même au marquis
de Goesbriant, chargé de la défense de cette place, ce
qu'il attend de son zèle et de sa renommée : « ... J'ai
» tout sujet d'espérer une si bonne défense de votre
» part que les ennemis pourraient se repentir d'avoir
» commencé ce siège dans une saison si avancée.
» La place se trouve munie abondamment de toutes
» sortes de provisions.... Vous pousserez encore
» votre défense plus loin que n'a été portée celle des
» autres places.... Vous ne pouvez rien faire de plus
» important pour mon service [3] ».
Il fallait donc concourir à tout prix à la défense
d'une place dont le roi avait tant à cœur la conser-

» pourveu provisionnellement à un hospital extraordinaire pour
» les malades et les blessés de la guarnison de Béthune : on
» nous at encore surchargé des malades de la guarnison d'Aire.
» La despense de cet hospital compris l'eau-de-vie qu'on nous
« oblige de fournir pour les blessés se monte à près de 400
» livres par jour. »
(Arch. munic. Corresp. du Mag. 7 août 1710).
[1] Documents inédits sur l'hist. de France. — *Mémoires militaires relatifs à la guerre de la succession d'Espagne sous Louis XIV*,
t. X, p. 55.
[2] *Lettre de M. Voysin à M. le maréchal de Villars le 11 juillet
1710. — Ibid.*
[3] *Ibidem*, p. 307. — *Arch du dép de la guerre, minute, vol. 2297,
1r partie, 1r sect. n° 22.*

vation, d'autant plus que six jours avant que les ennemis n'ouvrissent la tranchée, le maréchal de Villars
avait mandé à la cour « que si M. de Goesbriant se
» défendait jusqu'à l'extrémité, il se flattait de faire
» périr leur armée [1] ». Aussi tout ce que Saint-Omer
pouvait posséder de munitions de guerre, tous les
canons et fusils disponibles, poudre et boulets, furent
en toute hâte dirigés sur Aire. On vida les arsenaux
ou dépôts d'armes, et on ne laissa à la ville moins
exposée que ce qui était rigoureusement nécessaire
pour ne point dégarnir ses remparts.

En cet état, Saint-Omer n'aurait pu faire une bien
longue résistance si l'ennemi, sans s'arrêter à Aire,
s'était tout de suite présenté sous ses murs. C'est ce
que remarque notre judicieux et toujours exact chroniqueur audomarois, le curé Deneuville : « Dans ce
» temps, dit-il, la ville de Saint-Omer était tellement
» *dépourvue de munitions de guerre* que si les enne-
» mis se fussent présentés devant cette place, elle
» n'aurait pu soutenir un siège, et auroit esté dans
» la nécessité de se rendre. Le prince Eugène en étoit
» bien informé. Aussi étoit-il l'avis d'attaquer cette
» ville, mais il ne fut point suivi pour cette fois. Les
» députés des Estats Généraux ne jugèrent pas con-
» venable de tant entreprendre tout à la fois. »

Aire et Saint-Venant occupèrent donc seuls, au
regret du Prince Eugène, les efforts des alliés. Cependant le siège d'Aire, auquel les généraux ennemis, avant de l'entreprendre, avaient vu de grandes
difficultés, se prolongeait ; l'héroïque défense de
M. de Goesbriant dont les fréquentes sorties coûtaient
beaucoup de monde aux alliés, fatiguait et épuisait

[1] Doc. inéd. *op. cit.* p. 83.

l'ennemi. Saint-Venant avait capitulé le 30 septembre, et sa garnison, pour qui l'on avait demandé qu'elle pût se retirer à Calais en passant par Saint-Omer, fut obligée de se retirer à Arras. Ce refus semblait indiquer que l'ennemi ne renonçait pas à tout projet sur les villes du littoral. Par suite de cette capitulation, le corps d'armée qui avait fait le siège de Saint-Venant devenait disponible et pouvait être envoyé avec de nouvelles forces sur Saint-Omer ; ou bien, en réunissant toutes leurs forces contre Aire « il était à » craindre que (les alliés) n'en pressassent le siège de » manière à se rendre dans peu maîtres de la place, » et à se procurer par là les moyens de faire, avant » la fin de la campagne, le siège de Saint-Omer[1]. » Le dénument dans lequel était cette ville était bien connu du Prince Eugène, et l'avis de cet habile capitaine pouvait finir par prévaloir. Déjà aux premières approches des alliés, Saint-Omer avait étendu entre lui et ses ennemis une large ceinture d'eau qui le pouvait protéger un moment. Il était temps, car dès les premiers jours de septembre les fourrageurs ennemis s'étaient répandus dans la campagne entre Aire et Saint-Omer. Leur présence est signalée par une lettre du comte d'Estaing à M. Voysin en date du 6 septembre. Il y donne d'abord quelques détails sur les projets probables des ennemis qui semblent déterminés à entreprendre à la fois les sièges d'Aire et de Saint-Venant, puis il ajoute :

« Il n'y avoit hier que des partis sur le chemin d'icy à » Aire ; je ne puis démesler encore ce matin si le fourage » qui se fait au delà d'Arques n'est pas la suite d'un esta- » blissement de cette nuit : et en ce cas les troupes se

[1] Doc. inéd. *op. cit.* p. 92.

» joindront sur le Neuf-fossé. — L'inondation de S<sup>t</sup> Omer
» a esté faite à propos : ils ont dit qu'ils y seroient venus.
» Signé : ESTAING. »

« P. S. Les partisans ont emmené depuis deux jours
» plus de cinquante chevaux à S<sup>t</sup> Omer, mais pas de pri-
» sonniers. »

Cette situation de Saint-Omer préoccupe aussi vivement le conseil du roi. Le 13 septembre M. Voysin
écrit au maréchal de Villars à ce sujet. Voici sa
lettre :

« Marly le 13 septembre 1710.

« Les ennemis sont si près de S<sup>t</sup> Omer présentement que
» le Roy croit qu'il est nécessaire d'y envoyer quelques
» bataillons qui serviront non seulement à la sûreté de la
» place, mais aussi à donner plus d'inquiétude aux enne-
» mis de ce costé là. Il est à propos que M. le Comte d'Es-
» tain ait la liberté de les tirer de S<sup>t</sup> Omer en tout ou en
» partie, pour s'en servir lorsqu'il le jugera à propos.
» Comme vous ne serez point en estat d'attaquer l'armée
» des ennemis dans le commencement du siège, on ne peut
» rien faire de plus utile que de fortiffier le corps que
» commande M. le Comte d'Estain, parce qu'en lui don-
» nant 8 ou 10 m. hommes il peut troubler les convois que
» les ennemis font venir par la Lys et pour s'en garantir,
» ils seront obligez de donner une escore bien nombreuse
» et d'establir des postes au dessus de Menin comme ils ont
» fait au dessous ; ce qui n'empêchera peut-être pas encore
» que M. le Comte d'Estain ne puisse profiter de quelques
» endroits plus faibles pour les attaquer. J'écris à MM. de
» Bernières et de Bernage pour qu'ils pourvoyent à faire
» trouver des vivres suffisamment du côté de S<sup>t</sup> Omer et
» d'Ypres ; le sieur Forges trouvera bien moyen d'y faire
» remettre une partie des grains dont il fait les achats, et
» j'écris aussi à M. le Comte d'Estain pour lui marquer
» que vous lui envoierez un renfort de troupes, et qu'il re-

» cevra plus particulièrement par vous les ordres de ce
» qu'il pourra entreprendre. [1] »

Pour se conformer à ces instructions, le maréchal
de Villars fit mettre en route dès le 15 pour St-Omer,
4 bataillons et 6 escadrons qui devaient être suivis
d'un détachement plus considérable après le mouvement qu'il se proposait de faire pour changer de
camp. Sept jours après, le maréchal envoya à
M. d'Estaing un nouveau renfort de 6 bataillons et
de 9 escadrons.

Mais il ne suffisait pas de bien garnir Saint-Omer
et ses environs de troupes nombreuses et aguerries ;
en dépit de leur bravoure la place ne pouvait tenir, si
elle demeurait dépourvue de munitions de guerre. Le
ravitaillement de la ville devait être la première préoccupation des généraux français qui depuis quelque
temps du reste en préparaient le convoi à Dunkerque
et à Bergues. De leur côté les généraux ennemis
avaient tout intérêt à entraver une opération qui
devait mettre une ville importante à l'abri d'un coup
de main, que jusque là ils pouvaient tenter sans trop
de témérité. Le prince Eugène et le duc de Marlborough devaient d'autant moins négliger de chercher
à surprendre le convoi de ravitaillement, s'ils appre-
naient sa mise en marche, qu'ils venaient d'éprouver
eux-mêmes en pareille expédition un désastreux échec.

Cette circonstance n'a pas échappé à notre chroniqueur audomarois Deneuville toujours bien renseigné.
Mais nous prendrons le récit de ce brillant fait d'armes dans les documents officiels et les historiens de
la campagne de Flandre [2]. Voici l'aventure.

[1] *Arch. du dép. de la guerre* vol. 2217, n° 86.
[2] Doc. inéd. *op. cit.* p. 89.

M. de Chevilly commandant la place d'Ypres informé que les alliés faisaient remonter par la Lys un
convoi considérable de vivres et de munitions à des-
tination de l'armée qui assiégeait Aire, détacha, la
nuit du 18 au 19 septembre, M. de Ravignan, maréchal de camp, avec dix-neuf compagnies de grena-
diers, quinze cents fusiliers, trois escadrons de dragons et trente hussards pour aller l'attaquer. M. de
Ravignan fit tant de diligence qu'il arriva le 19 après-
midi à la hauteur de Saint-Eloi-Vifve, village sur la
Lys, entre Deinse et Harlebeck, environ à trois lieues
au-dessous de Courtrai. Le convoi y arrivait de son
côté. Son escorte était composée de treize cents hommes d'infanterie et de six cents chevaux. Le comte
d'Athlone, feld maréchal, la commandait. M. de Ravignan marcha à l'ennemi et l'attaqua avec tant de
vigueur qu'il le défit entièrement. Il fit prisonnier le
feld maréchal, un lieutenant-colonel, trente-six officiers et six cent neuf soldats : le reste fut tué ou
noyé, excepté trois cents cavaliers qui se sauvèrent
du côté de Deinse. M. de Ravignan ne perdit dans cet
engagement, un des plus brillants de la campagne,
qu'un capitaine, six autres officiers et environ cinquante soldats.

« Les ennemis battus, dit M. de Ravignan dans son
» rapport, je songeai à faire brûler les bateaux. Il y
» en avait quarante, deux appartenant à des mar-
» chands et trente-huit aux États-Généraux, dont huit
» chargés de poudre. Ces bateaux de Hollande por-
» tent chacun depuis 40 jusqu'à 45 lasts. Le last pèse
» quatre mille ; ainsi chaque bateau porte 170 mille
» pesant. Je vous fais ce détail parce que j'avais
» peine à croire qu'il y eut dans ces huit bateaux
» treize cents milliers de poudre comme un officier

» ennemi me l'avait assuré ; mais les gens qui con-
» naissent la portée de ces bateaux sont persuadés
» qu'ils en pouvaient contenir davantage.

» Il y avait un bateau chargé de pièces de canon et
» de mortiers dont je ne puis vous dire le nombre,
» un rempli de sacs à laine, deux de vins, de médi-
» caments et de fournitures d'hôpital. Plusieurs char-
» gés de bombes, grenades et boulets et quelques-
» uns de munitions de bouche. Ces quarante bateaux
» ont été entièrement brûlés et je ne me retirai qu'a-
» près que l'opération fut faite, ayant cependant pris
» la précaution très nécessaire pour faire écarter mes
» troupes ; car je ne puis vous exprimer le désordre
« que firent en sautant les huit bateaux de poudre. »

Au dire d'une relation [1], d'origine hollandaise, très
curieuse et très rare, publiée en 1711 et qui donne
une sorte de journal de cette campagne de 1710, la
précaution prise par M. de Ravignan ne fut pas suffisante, car il aurait eu bon nombre de ses soldats
atteints par cette épouvantable explosion.

Voici comment l'auteur en décrit les effets :

« Le feu ayant atteint les bateaux chargés de pou-
» dre fit des effets terribles. De 23 bateaux qu'on y
» avait perdus on ne trouva que les débris de 4 qui
» étaient les plus éloignés des bateaux de poudre :
» car ces derniers et les autres qui en étaient les plus
» voisins avaient été réduits en poudre. On en trouva
» des pièces et ce dont ils étaient chargé à un quart

---

[1] *Relation de la campagne de l'année 1710,* contenant un journal
exact de tout ce qui s'est passé aux sièges de Douai, Béthune,
Saint-Venant et Aire ; comme aussi les détails exacts de tous
les autres mouvements des deux armées opposées, tant du côté
des alliés que du côté de la France. A la Haye 1711 — Biblioth.
de la ville de Douai, P. 12.

» de lieue à la ronde. Les maisons autour de là furent
» bouleversées, la terre fendue partout et tournée
» comme si l'on y avait fait des mines. On trouva
» des bombes et des boulets de canon enfoncés de
» deux ou trois pieds dans la terre plus d'une demi-
» lieue de là ; des demi-bateaux jetés sur les bords
» de la rivière, et un bateau presque tout entier en-
» core posé en croix sur le fond de cale d'un autre
» au milieu de l'eau, ayant le mât d'un troisième au
» travers, la pointe en bas et enfoncé dans le fond
» au-dessous de l'eau. Une vingtaine de dragons
» ennemis (des dragons français) ne s'étant pas éloi-
» gnés assez vite lorsque le feu prit à la poudre
» furent écrasés en un instant. »

Il ajoute qu'aussitôt après ce « malheur », on envoya à Vifve-Saint-Eloy 9 bataillons et 12 escadrons,
et qu'il fallut travailler six jours sans relâche pour
débarrasser la rivière.

Le surlendemain de ce brillant fait d'armes que
l'historien des Etats Généraux appelle un désastre et
un malheur, un détachement de la garnison de Saint-
Omer remportait un autre avantage sur les troupes
du prince Eugène.

Un gros de fourrageurs des quartiers ennemis établis devant Aire, s'étant avancé jusqu'à deux lieues de
Saint-Omer, fut rencontré par un détachement de 900
cavaliers, commandés par M. de Mortani, habile partisan que le maréchal de Villars avait mis aux ordres
de M. le comte d'Estaing, quand il l'envoya d'Hesdin
sous les murs de Saint-Omer. M. de Mortani attaqua
les fourrageurs qui s'enfuirent, et il les poursuivit
l'épée dans les reins jusqu'au quartier du comte de
Nassau Weilburg devant Aire. Là, trois cents hommes
de M. de Mortani s'avancèrent et sabrèrent une garde

de soixante cuirassiers ennemis; mais s'étant trop aventurés, ils furent enveloppés par des hussards et trois cents cavaliers. M. de Mortani fit alors avancer le reste de son détachement, dégagea ses hommes et fit quelques prisonniers. Mais voyant un renfort considérable d'infanterie qui s'avançait pour venir à l'aide, il se retira sur Saint Omer sans être inquiété [1].

Il y avait à peine trois jours que les alliés avaient essuyé, par les troupes de M. d'Estaing, ce nouvel échec, quand le maréchal de Villars souffrant de la blessure qu'il avait reçue à la bataille de Malplaquet, quitta l'armée et en remit le commandement au maréchal d'Harcourt. Les deux maréchaux eurent une entrevue à Doullens. Les premiers ordres du nouveau commandant furent pour Saint-Omer dont le ravitaillement et la sûreté le préoccupaient avant tout. En raison même de l'importance d'une opération d'où dépendait la conservation d'une grande place de guerre, et pressentant chez les généraux ennemis le vif désir de se venger du désastre de Vifve-Saint-Eloy, il voulut assurer la réussite de son entreprise par un déploiement de forces considérables.

Il écrivit d'abord à M. Voysin pour le prier de faire hâter le chargement et l'expédition du convoi en formation à Dunkerque et à Bergues. Le secrétaire d'état lui répondit le 28 :

» Versailles, 28 septembre 1710.

« ... Il y aura 400 milliers de poudre à Saint-Omer ; ce » qui paraît suffisant. On peut fort bien tirer 2000 fusils » d'Ypres sans trop dégarnir la place ; j'écris pour les faire .

---

[1] Docum. inéd. *Op. cit.* p. 91. — *Relat. de la camp. de 1710. Op. cit.*

» passer à Saint-Omer. On envoiera aussi à Péronne 200
» milliers de pierre à fusil, dont on doit faire passer 100
» milliers à Saint-Omer [1] ».

Après avoir fait faire aux fortifications de la ville
les réparations les plus urgentes, il mande à M. d'Estaing de faire entrer dans Saint-Omer une garnison
suffisante pour le garder, et de prendre lui-même une
position telle qu'il fût également à portée de jeter de
nouvelles troupes dans cette place si on l'attaquait,
et de couvrir les convois qu'il y ferait conduire.

En conséquence de ces ordres, M. d'Estaing envoie
le détachement que commandait M. le comte de Villars s'établir en campement à Pont-l'Abbesse, près
de Watten, sur le canal. Il avise M. Voysin de ces dispositions par la lettre suivante :

St-Omer, le 27 septembre 1710.

J'ai arresté M. le Comte de Villars au Pont l'abbesse [2]
ou au fort de Linke pour assurer le convoy de poudres que
vous tirez de Dunquerke et de Berg pour St-Omer. . .

. . . . . . . . . .

Je presserai les munitionnaires de St-Omer, et Mrs de
Clérac [3] et du Thil, ce dernier a ordre de M. le Mal de
Villars de commander sous M. de Clérac, de vous rendre
un conte exact, et à M. le Mal d'Harcourt qui le souhaite.
M. du Thil est présentement un des officiers qui a le plus

[1] *Arch. du dépôt de la guerre,* vol. 2217 p. 106.
[2] *Pont Labesse* ou *moulin Labesse,* et le *fort de Link,* au-dessous de Watten figurent sur « *la carte du gouvernement du fort de
Watten* » annexée à la *Notice historique sur Watten* par M. Her-
mand. Mém. des Antiq. de la Morinie t. 4. p. 53. Cet auteur dit
p. 183, que dans la désastreuse campagne de 1710, un corps de
troupes françaises campa à Watten.
[3] Lieutenant du roi à St-Omer.

d'expérience pour les sièges, il a veu avec esprit et courage ceux de l'Isle et de Béthune et est fort entré dans le détail[1].

Mais bientôt jugeant ces forces insuffisantes pour protéger ce convoi qu'on attendait, il part lui-mème, le 2 octobre, pour Pont-l'Abbesse, emmenant avec lui 2 bataillons de Tournaisis, 2 de Laonnais et 2 de Boulonnois, et ne laissant à Saint-Omer que 6 bataillons et 7 escadrons. C'est de ce campement qu'il écrit à M. Voysin :

Au camp de Pont Labbesse, le 3 octobre 1710.

Monseigneur,

Je me joignis hier, comme j'ai eu l'honneur de vous le mander, au corps de M. le comte de Villars.

Je me trouve icy plus à portée de couvrir les convois qui passeront de Dunkerque à S¹ Omer. Il en doit partir aujourd'huy un grand de touttes sortes de choses contenues dans un estat de M. D'estouches que je n'ai pas veu, pour lequel on charge quarante bélandres, et que je feray accompagner de six bataillons de Laonnois, Tournesis et Boulonnois qui composeront la garnison de S¹ Omer dont je vous envoye l'estat, et nostre camp demeurera composé des troupes contenues dans cet autre estat.

J'ai fort recommandé à M. de Clérac et à M. Duthil la mouture des bleds, et de se servir des moulins de Dunkerque ; mais s'il ne vient point de farines d'ailleurs, les six mille sacs qu'on destine à S¹ Omer n'y peuvent être au plustôt que le 20.

M⁻ˢ de la Rerie et de la Gibaudière, ingénieurs, estoient arrivés à S¹ Omer ; M⁻ˢ de Clérac et Duthil m'ont fait promesse de ne leur laisser entreprendre aucun ouvrage que les anciens ne fussent réparés[2].

---

[1] *Arch. du dépôt de la guerre*, vol. 2217 p. 103.
[2] *Ibid.*, v. 2217 p. 118.

Voici l'état des troupes au camp de Pont-l'Abbesse, le 3 octobre 1710:

## RÉGIMENTS

| | | | |
|---|---|---|---|
| Dragons | Colonel général des dragons. | 3 | escadrons. |
| | D'Houdetot. . . . . . . . . . | 3 | » |
| | Saint-Cernin . . . . . . . . . | 1 | » |
| Cavalerie | Chartres . . . . . . . . . . . | 3 | » |
| | Melun . . . . . . . . . . . . | 2 | » |
| | du Palais. . . . . . . . . . . | 2 | » |
| | Aubeterre . . . . . . . . . . | 2 | » |
| | Saint-Phal . . . . . . . . . . | 2 | » |
| | Belacueil. . . . . . . . . . . | 2 | » |
| | Maisontiers . . . . . . . . , . | 2 | » |
| Infanterie | Perche. . . . . . . . . . . . | 2 | bataillons. |
| | Et à portée de nous joindre de | | |
| | Bergues, le régim‚ de Guyenne | 2 | » |

Total : 22 escadrons, 4 bataillons [1].

La garnison de Saint-Omer se composait au 30 octobre 1710, comme suit :

## RÉGIMENTS

| | | | |
|---|---|---|---|
| Infanterie | Miromesnil. . . . . . . . . . | 2 | bataillons. |
| | Duthil . . . . . . . . . . . . | 1 | » |
| | Vivarais . . . . . . . . . . . | 1 | » |
| | Sepville . . . . . . . . . . . | 1 | » |
| | Pratamène. . . . . . , . . . | 1 | » |
| | Tournaisis . . . . . . . . . . | 2 | » |
| | Laonnais . . . . . . . . . . . | 2 | » |
| | Boulonnais. . . . . . . . . . | 2 | » |
| | Brossia. Dragons à pied . . . | 3 | escadrons. |
| | 2 compagnies de Tallard au château. | | |
| Cavaliers | Espagnols . . . . . . . . . . | 2 | escadrons. |
| | Joyeuse . . . . . . . . . . . | 2 | » |

Total : 12 bataillons, 7 escadrons [2].

En remplacement de M. d'Estaing retenu dehors

[1] *Arch. du dép. de la guerre,* v. 2217 p. 120.
[2] *Ibid.,* v. 2217 p. 119.

pour la sûreté des convois, le Marquis de Vieux Pont, lieutenant général, fut nommé par le roi pour la défense de la ville en cas de siège. Il s'y rendit le 5 et il y fut suivi de MM. de Mouchy et de Silly, maréchaux de camp. Mais avant de quitter ses quartiers de Vieil Hesdin, il écrivit ce qui suit à M. Voysin :

Au camp du Vieil Hesdin, au 4 octobre 1710.

Monseigneur,

Monsieur le Mareschal d'Harcour vient de me dire dans le moment que le roy m'avoit fait l'honneur de me destiner pour aller commander à St-Omer en cas de siège ; c'est un effet, Monseigneur, des bontés que vous m'avez toujours témoignés et auxquelles je suis aussi sensible que je dois. Je pars demain au matin pour m'y rendre le plustost que je pourrée, et dès que j'y seré arrivé, jauré l'honneur de vous mander l'estat de toutes choses. Je n'espargneré ny mes soins ni mes peines pour tascher de mettre celle place en estat de deffense. Monsieur le Mareschal d'Harcour m'a assuré qu'il devoit y arriver auiourd'huy de Donquerque un convoy de quarantes bélandes chargées de munitions de guerre et de bouche ; et j'y mène avec moy un nombre d'officiers pour l'artillerie. Je feré touiours mon possible pour donner des marques de mon zèle et de mon attachement pour le service du roy, par ou ie conte acquérir l'honneur de vostre estime, et vous supplie d'en estre persuadé, et du profond respect avec lequel je suis, Monseigneur,

Votre très humble et très obéissant serviteur,

VIEUX PONT [1].

Quand M. de Vieux Pont arriva le lendemain à Saint-Omer il dut être fort satisfait d'apprendre que la ville, dont le roi avait confié la défense à ses soins, était désormais, et par sa garnison et par son appro-

---

[1] *Arch. du dép. de la guerre,* v. 2222 p. 11.

visionnement de munitions de guerre et de bouche, en état de soutenir un long siège.

En effet, les dispositions prises par M. d'Estaing au camp de Pont l'Abbesse avaient eu un plein succès. Un convoi de 38 bélandes venant de Dunkerque était arrivé à Pont l'Abbesse le 3 octobre par le canal de la Colme. Ce convoi continua sa route sur Saint-Omer, à qui il était destiné, sous la garde des 6 bataillons que M. d'Estaing avait détachés de la garnison. Comme il fallait s'y attendre, le Prince Eugène et Marlborough avaient été informés par leurs espions de la marche de ce convoi. Ils envoyèrent aussitôt 30 escadrons et 2000 hommes d'infanterie pour l'attaquer. Mais soit que ce détachement arrivât trop tard, comme le disent les documents français, soit qu'il se contentât d'une simple reconnaissance sans prendre contact avec les forces ennemies, comme l'écrit l'historien des Etats-Généraux [1], le convoi arriva sans encombre et même sans coup férir, le 4 octobre à St-Omer.

C'était un beau succès.

M. d'Estaing se hâta d'en informer le secrétaire d'état, et de son côté, M. Le Blanc, intendant de Dunkerque, écrivit le 5 à M. Voysin :

[1] L'auteur, un partisan des alliés, qu'on ne l'oublie pas, relevant à la fin de son récit deux ou trois circonstances où son parti manqua par sa faute l'occasion d'attaquer les Français avec avantage, ajoute ces lignes : « On compte encore pour une » bévue de n'avoir pas battu un corps de troupes qui estoit » campé à Watene pendant le siège d'Aire, et destiné pour » conduire des *munitions de guerre* dans Saint-Omer ; cela pa- » raissait assez facile ; cependant on se contenta d'aller recon- » naître avec vingt escadrons, sans entreprendre rien de » plus ». *Opere citato*, page 211.

Bergues 5 octobre 1710.

Monseigneur,

M. le conste d'Estaing vous a informé que la marche de
30 escadrons et de 2000 hommes d'infanterie des ennemis
ne l'empescha pas de faire entrer hyer dans St-Omer le
convoy de 38 bélandres chargées de munitions de guerre,
venans de Dunkerque, et les 6 bataillons qu'il devait y
mettre. Il est heureux que l'ennemi soit arrivé trop tard.

Les 2 bélandres chargées de 2000 fusils et 9 chargées
de palissades destinées pour St-Omer sont en marche et
arriveront demain à St-Omer.

(Suivent des nouvelles sur le siège d'Aire).

Signé    LE BLANC [1].

Cette opération si sagement conduite pourvut abondamment Saint-Omer de toutes les munitions de
guerre dont il était dégarni, et en même temps
compléta ses approvisionnements de vivres, si besoin
en était. Du reste le maintien du camp de Pont-l'Abbesse avec 4 bataillons et 22 escadrons assurait la
libre communication avec Bergues et avec Dunkerque.
M. de Vieux-Pont pouvait donc tirer de ces deux villes
tout ce qu'il croyait utile à la défense de la
place qu'il commandait. Dès le 15 octobre, M. d'Harcourt, parfaitement rassuré sur la situation de Saint-
Omer, ne s'occupait plus que de la subsistance de son
armée en campagne. Il y avait alors à Saint-Omer et
aux ordres de M. d'Estaing 16 bataillons [2]. Cet officier put même s'en aller camper sous Ypres avec une
partie de ses troupes. Ce mouvement obligea l'en-

---

[1] *Arch. du dép. de la guerre,* v. 2232 p. 319.
[2] 2 bataillons du Perche, 2 de Vendôme, 2 de Béarn, 2 de
Guyenne, 2 de Boulonnais, 2 de Tournaisis, 2 de Laonnais, 2 de
Miroménil.    *(Arch. de la guerre,* p. orig. vol. 2217, n° 147.)

nemi à faire un détachement considérable pour escorter un nouveau convoi qu'il faisait venir par la Lys. Il n'y avait donc plus à craindre pour les convois français un retour offensif de l'ennemi réduit lui-même à se tenir sur la défensive et à protéger les siens.

Le 25 octobre, M. de Clérac, plus spécialement chargé des subsistances, écrivait à M. Voysin que les quantités de grains et de farines existant dans la place étaient plus que suffisantes pour sa défense : sa lettre établit en outre le libre commerce avec Dunkerque.

St Omer 25 octobre 1710.

Monseigneur,

Suivant l'honneur de vos ordres, j'ai celuy de vous envoyer l'estat ci-joint de nos grains et farines plusque sufisans pour la deffense de cette place, y compris ceux qu'on a ordre d'y acheter, comptant, pour le surplus des farines nécessaires, sur les 12 moulins à bras venus de Calais et sur 18 de mesme nature qne j'avois fait faire avant l'envoy des premiers.

Signé : DE CLÉRAC.

25 octobre au soir.

*Etat des effets qui sont actuellement dans les magasins de cette place :*

| | |
|---|---:|
| Il y avoit le 24 suivant mon état. . . . . | 3920 sacs. |
| Le 25, les meuniers ont rapporté. . . . . . | 394 |
| | 4314 |

*Recettes depuis ledit jour :*

| | |
|---|---:|
| En grains du sieur Farget . . . . . . . . | 600 |
| Les meuniers sont fournis de grains dans les moulins de . . . . . . . . . . . . . . . | 284 |
| | 5198 |
| Le sieur Loquéty doit encore fournir sur les 4000 sacs suivant la commission . . . . . | 1000 |
| Le sieur Regnault a commencé à acheter. | 460 |
| Total. . . . . | 6658 |

Envoyé à Dunkerque 2340 sacs de grains de différentes espèces. Il en est revenu à S. Omer en farine d'orge qui sont compris dans les totalités des farines qui restent en magasin. . . . . . . . . . . . . .     564 s. de 100 liv.

Reste à Dunkerque. . . . . .     1775 s. de 100 l.

Certifie le présent véritable à S$^t$ Omer le jour et an que dessus.

Signé : PAILLET [1].

Ces deux pièces établissent, à l'évidence, que même à cette époque comme antérieurement, le service de vivres se faisait librement de Dunkerque et de Calais à Saint-Omer, puisque l'on envoyait de cette dernière ville les grains à Dunkerque pour la mouture. L'état que nous avons donné, page 15, prouve que les farines étaient abondantes à St-Omer le 1$^{er}$ novembre.

Cependant Aire tenait toujours : sa vaillante petite garnison, habilement commandée par l'intrépide marquis de Goesbriant, faillit même un moment décourager par son héroïque résistance les efforts d'un ennemi nombreux et opiniâtre. Mais le duplicata d'une lettre adressée par le roi à M. de Goesbriant, et dans laquelle Sa Majesté parlait de capitulation [2] étant tombée aux mains des assiégeants, ceux-ci reprirent courage et pressèrent le siège avec un nouvel acharnement. Enfin le 8 novembre, les murs de la ville étant ouverts par une large brèche, et la garnison ayant épuisé toutes ses munitions, M. de Goesbriant se rendant aux ordres reçus du roi, fit battre la chamade un peu avant la nuit. La capitulation, un moment débattue, fut signée le 9 au soir. Le siège avait duré 58 jours, et les assiégeants y avaient perdu

[1] En originaux aux *Arch. de la guerre,* 2217, p. 170 et 171.

[2] Cette lettre se trouve au Dépôt de la guerre, vol. 2297, n° 183.

plus de 12.000 hommes. L'ennemi se glorifia peu de cette conquête, car l'historien des Etats Généraux avoue lui-même que « ce long et pénible siège a coûté beaucoup de monde aux alliés » [1].

La garnison sortit le 11 avec tous les honneurs de la guerre, 6 pièces de canon et 2 mortiers, et se retira à Saint-Omer comme l'avait demandé M. de Goesbriant.

Cette concession de l'ennemi montre bien qu'il avait renoncé à rien tenter sur Saint-Omer. Ses pertes excessives dans les sièges de Douai, Béthune, Saint-Venant et Aire, l'époque avancée de l'année, l'état des places qui restaient à attaquer ne permettaient plus à l'ennemi de rien entreprendre cette année.

La prise d'Aire termina la campagne.

Les alliés laissèrent une garnison dans la ville qu'ils venaient de conquérir, puis après avoir aplâni les travaux d'approche, leur « armée se mit en mou- » vement le samedi 14 novembre et vint camper

---

[1] « La défense que fit M. le marquis de Goesbriant mérita les » éloges des ennemis mêmes ; et le roi, pour lui en marquer sa » satisfaction, le fit chevalier de ses ordres. Tous les officiers » qui l'avaient si bien secondé participèrent aux grâces de Sa » Majesté. M. le C^{te} d'Estrades fut élevé au grade de lieutenant » général, MM. de Grimaldi et de Beuil à celui de maréchal de » camp. »

*Arch. du dép. de la g.* 223. p. 149. — Docum inéd. *op. cit.* p. 99.

« En considération de M. le marquis de Goesbriant, dit l'acte » de capitulation, on accorde encore deux pièces de canon à la » garnison, et un jour de plus pour se préparer à sortir et at- » tendre les commodités qui leur viennent de Saint-Omer. »

*Arch. du dép. de la g.* 2217. N° 109. — Docum. inéd. *op. cit.* p. 335.

» dans la plaine et sur les hauteurs en vue de Bé-
» thune. Le lendemain on continua la marche par
« une partie de la plaine de Lens au-delà de La Bas-
» sée : l'armée du Prince et du duc de Marlborough
» passa la Deûle au Pont-à-Vendin » [1]. Le 17 l'armée
des alliés était dispersée et les diverses troupes qui
l'avaient composée s'acheminaient vers leurs quartiers d'hiver. Le Prince Eugène partit pour Vienne et
le duc de Marlborough pour Londres.

Le marquis de Vieux-Pont qui avait été chargé de
la défense de Saint-Omer en cas d'attaque fut envoyé
à Cambrai et remplacé à Saint-Omer par le Marquis
de Goesbriant.

M. de Vieux-Pont laissa peu de regrets à Saint-
Omer. Le ravitaillement de la ville était accompli
quand il prit possession de son nouveau commandement : les audomarois ne lui devaient donc de ce chef
aucune reconnaissance ; et il n'avait eu depuis jusqu'à la fin de la campagne aucune occasion de signaler
ses talents militaires. En revanche pendant toute la
durée de son séjour à Saint-Omer, il n'avait cessé de
fatiguer le Magistrat par ses exigences de toutes
sortes, et de logement, et d'ameublement, et de chauf-
fage, qui faisaient pour la ville une charge intoléra-
ble. M. de Bernage reçut bon nombre de lettres où le
Magistrat se plaint amèrement de ces exigences sans
précédent [2]; il est à penser que ces plaintes ne furent
pas étrangères au changement de commandant.

M. de Goesbriant, au contraire, avait toujours
montré beaucoup d'égards et de condescendance dans

[1] *Relation de la campagne de 1710....* imprimée à La Haye en 1711. *Op. cit.*
[2] Voy. Arch. munic. *Corresp. du Magistrat, passim.* 1710.

ses rapports avec les autorités civiles de la ville où il avait commandé. Le Magistrat ne pouvait pas non plus oublier que c'était sa longue résistance qui avait empêché le siège de Saint-Omer. Aussi, dès qu'il apprit la nomination de M. de Goesbriant au commandement de la ville de Saint-Omer, il s'empressa de lui écrire pour le féliciter.

Monsieur le marquis,

Nous avons ressenty une joie toute singulière en aprenant la justice que le roy vient de rendre à vostre valeur, et en mesme temps que nous avions l'honneur de vous avoir encore icy pour commandant. Permettez-nous de vous dire que nous reconnaissons que rien ne peut estre plus avantageux pour nostre ville que vous avez bien voulu distinguer par une infinité de bienfaits dont vous l'avez comblée jusques à présent : nous avons l'honneur de vous assurer, monsienr, d'une reconnaissance qui durera autant que nostre vie.

A monsieur de Goesbriant, chevalier des ordres du roy, lieutenant général de ses armées à Paris.

A ces félicitations, M. de Goesbriant répondit par la lettre suivante :

Messieurs,

Je vous rends très humbles graces de la part que vous me faites l'honneur de prendre à celles que le roy vient de me faire que je n'ai pas mérité : je vous suplis d'estre persuadé de toute ma reconnaissance à ceste occasion, et qu'on ne peut avoir l'honneur d'estre plus, parfaitement, messieurs,....

GOESBRIANT.

Paris, 29 décembre 1710 [1].

---

[1] Arch. munic. *Corr. du Mag.* 1710.

Ainsi s'est accompli, par la sagesse et l'habileté des hommes de guerre qui avaient la charge de défendre notre ville, le ravitaillement de Saint-Omer.

Autour de ce fait, fort simple dans sa vérité historique, se sont formées des légendes, admirables sans doute et assurément fort glorieuses pour l'héroïne qu'elles célèbrent et pour la ville qui l'a vue naître, mais dont le moindre défaut est d'être invraisemblables. L'amour-propre patriotique autant que l'attrait du merveilleux aidé de l'esprit de parti ont pu également les inspirer. Chaque chroniqueur en répétant la merveilleuse aventure l'a enrichie d'incidents nouveaux, et ces accroissements successifs, dont la fertile imagination de chaque écrivain a orné sa prose ou ses vers, en ont fait un conte extravagant qui serait burlesque, si la circonstance n'était point aussi solennelle [1].

Aussi longtemps que ces récits fantaisistes courent dans le public à l'état de légendes, il n'y a point grand dommage pour l'histoire qui saura toujours, quand elle voudra fixer les faits, les ramener tout d'abord dans les limites de la vérité. Mais ce qui est autrement grave, c'est de consacrer par un monument public une erreur historique qu'un peu d'étude eut

[1] Nous ne discuterons ni la personne ni les actes de Jacqueline Robins. Nous constaterons seulement que l'histoire ne lui laisse absolument aucune place dans le fait, tout militaire, du ravitaillement de la ville au 5 octobre 1710. A ses glorificateurs quand même nous poserons le dilemme suivant : Si la Dame de Boyaval a amené à Saint-Omer un convoi quelconque, elle l'a fait *avant* ou *après* le ravitaillement opéré par les officiers du roi au 5 octobre ; si c'est *avant*, le convoi qu'elle a amené a été manifestement insuffisant, puisqu'il a fallu d'autres ressources ; si c'est *après*, il était superflu. Donc elle n'a pas sauvé la ville.

suffi à faire éviter ; c'est d'égarer, par des données fausses, le talent d'un artiste de mérite, et de ne faire produire à son ciseau qu'une œuvre d'art quand on prétendait lui demander une statue historique ; c'est encore et surtout de graver sur un socle, à quelques pas d'un grand peuple qui pourrait rire de cette imprudente prétention, une pompeuse inscription qui est un effronté démenti à l'histoire.

Au surplus, par ces temps de défaillance morale, où la publique indolence s'empresse dans les revers de chercher en haut rang une responsabilité qu'elle puisse accuser, est-il bon d'accréditer, par un monument très risqué, cette pernicieuse erreur que des capitaines, des hommes de guerre ont pu laisser à une simple femme le soin et le mérite de sauver une ville au salut de laquelle ils avaient la charge et la possibilité de pourvoir eux-mêmes? Puisqu'ils ont en cette occurrence fait leur devoir tout entier, il est bien juste qu'entier aussi demeure leur mérite.

Pour nous, Messieurs, répondant à votre désir d'établir et de faire connaître la vérité sur un point de notre histoire locale où l'opinion publique courait de plus en plus risque de faire fausse route, nous nous sommes efforcés de n'apporter dans notre exposé que des documents d'une autorité incontestable. *Les Mémoires militaires relatifs à la succession d'Espagne*, rédigés par le lieutenant général de Vault, et publiés par les soins du Gouvernement dans la collection des *Documents inédits* relatifs à l'histoire de France, t. X, ont été la base de notre travail. Les archives du Dépôt de la guerre, cette source si précieuse de renseignements authentiques et trop négligée, ont été largement consultées. On en a extrait bon nombre de pièces dont plusieurs, d'une importance capitale dans la question, étaient entièrement inédites. Les archives de l'Intendance conservées à Arras ont été également mises à contribution. Enfin, tout en suivant pas à pas ces autorités irrécusables pour les données générales de l'histoire, on a recueilli avec un soin particulier tout ce que pouvait fournir sur l'objet de notre étude, les riches ressources locales, archives communales, archives capitulaires, chroniqueurs audomarois, etc.

Heureux serons-nous, si nos recherches contribuent pour leur faible part à maintenir auprès des lecteurs instruits et chez les hommes compétents, l'antique renom dont jouit notre Société, d'érudition solide et de loyauté historique.

La Société des Antiquaires de la Morinie a approuvé les conclusions de ce rapport et en a décidé l'impression et la publication en tête du 20e volume de ses *Mémoires*.

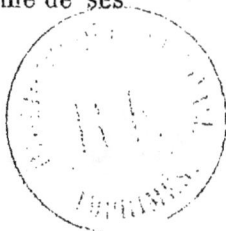

Saint-Omer, typ. B. D'HOMONT